AF325687

INSTRUCTION
SUR L'USAGE
DES LUNETTES
OU
CONSERVES,
POUR TOUTES SORTES DE VUES.

MARQUES AUXQUELLES ON peut connoître si les Vues longues ordinaires ont besoin de Conserves ou Lunettes, des Verres Convexes qui leur conviennent, & des Verres Concaves qui sont propres aux Vues courtes.

METHODE POUR SE CONSERVER la Vue ; avec une Dissertation sur ce que les Personnes âgées la recouvrent quelquefois dans un âge avancé.

Par Monsieur THOMIN, *Marchand Miroitier - Lunettier.*

A PARIS,

Chez CLAUDE LAMESLE, Libraire, rue S. Jacques, proche la Fontaine S. Severin, à la Couronne d'Or.

M. DCC. XLVI.

AVEC APPROBATION ET PRIVILEGE DU ROI.

PRÉFACE.

IL y a plusieurs années que
je suis à travailler à un
Traité d'Optique, sur tous
les Ouvrages qui dépendent
de cette Partie de Mathéma-
tique, en faveur des Miroi-
tiers, ou Artistes Oculari-
stes, quant au mécanisme
de cet Art; & en faveur du
Public, touchant l'usage des
Lunettes, dont personne n'a
encore parlé avant moi.

Quelques personnes de l'Académie Royale des Sciences, auxquelles j'ai communiqué mon Projet en Manuscrit, m'ont engagé, après l'avoir examiné, à y mettre la derniére main, m'assurant qu'on me sçauroit bon gré d'avoir mis au jour des expériences aussi intéressantes à la Société, que sont celles que nous faisons tous les jours sur les différentes Vues qui se présentent à nous, pour leur être de quelque utilité.

Mes occupations ne me

permettant pas de donner sitôt cet Ouvrage en son entier, on m'a conseillé de publier du moins par avance un Extrait des choses les plus nécessaires sur l'usage des Lunettes, tant pour l'utilité des Provinces, que pour celle de cette Ville Capitale.

Préférant donc l'intérêt général à celui des Artistes en particulier, que je voulois réunir ensemble, en cédant à l'empressement qu'on m'a fait l'honneur de me marquer, je me suis hâté de faire imprimer cet Extrait, qui suffira aux personnes qui ne sont pas de l'Art, & je l'ai divisé en quatre Sections.

La premiére Section traitera de l'usage des Lunettes ou Conserves pour les Vues longues ordinaires; des marques auxquelles on peut connoître si on a besoin de ces sortes de secours, & des Verres Convexes qui leur conviennent.

Dans la seconde, on parlera des Vues courtes, &

des Verres Concaves qui leur font propres.

Dans la troifiéme , on donnera une Méthode pour fe procurer foi-même la con-fervation de la Vue.

La quatriéme donnera les raifons pour lefquelles les perfonnes âgées , ayant la Vue affoiblie jufqu'à l'a-voir prefque entiérement perdue , la recouvrent ce-pendant à un âge plus avan-cé.

Comme les Belles Lettres n'ont pas fait ma principale

étude, j'espére que les personnes judicieuses, qui sça-
vent donner aux choses leur
juste prix, me pardonneront
les fautes qui auront pu se
glisser dans mes expressions,
en faveur des instructions
que je donne.

INSTRUCTION
SUR L'USAGE
DES LUNETTES
OU CONSERVES,
POUR TOUTES SORTES DE VUES.

PREMIERE SECTION.

DE L'USAGE DES LUNETTES ou Conserves pour les Vues longues ordinaires ; des marques auxquelles on peut connoître si on a besoin de ces sortes de secours, & des Verres Convexes qui leur conviennent.

L me paroît à propos, avant que d'indiquer les marques auxquel-les on peut connoître le besoin

que l'on a de fe fervir de Conferves ou Lunettes, de donner
la définition de la Vue.

La Vue eft celui des cinq Sens
par lequel les différens mouvemens des rayons vifuels font raf-
femblés, au moyen des humeurs
de l'œil, & tranfmis immédia-
tement à cet organe. Les couleurs des objets vifuels y font
apperçues avec leur diftance,
leur grandeur, nombre & figure. Le moyen de cette percep-
tion eft la lumiére.

Dans le Traité d'Optique
que je donnerai, j'expliquerai
au Chapitre de la defcription
de l'œil, comment les rayons
de lumiére font réfractés dans

leur paſſage à travers les Corps Diaphanes de différentes denſités ou épaiſſeurs , & à travers les humeurs de l'œil ; la maniére dont nous voyons les objets , & comment ils ſe dépeignent ſur l'organe immédiat de la Vue. Il ſuffit préſentement de donner la diviſion des différentes ſortes de Vues.

Il y a ſix ſortes de Vues ; deux longues, dont une eſt bonne, & l'autre foible ; deux courtes , l'une de naiſſance & forte, l'autre foible par accident ou maladie. La cinquiéme eſt celle qui a ſouffert l'opération qui ſe fait pour enlever la Cataracte. La ſixiéme, celle des perſonnes qui ſont louches.   A vj

On va, dans cet Extrait, in-
ftruire le Public & les Artiftes,
de ce qu'il faut obferver pour
ces fix différentes Vues, relati-
vement à l'ufage des Lunettes,
qui véritablement ne font defti-
nées qu'à cinq fortes de Vues,
puifqu'il feroit dangereux, comme on le va voir inceffamment,
d'en faire prévenir l'ufage aux
Vues longues & bonnes, qui
n'ont encore éprouvées aucune
des foibleffes qui puiffe en indi-
quer un vrai befoin, & dont je
vais donner la defcription.

Si l'on demande quand il faut
fe fervir de Lunettes, & à quel
âge ? Je réponds à la premiére
partie de cette demande, qu'on

n'en doit jamais ufer fans une
néceffité réelle. Je répondrai
dans la fuite à la feconde. J'en
excepte cependant les Lunettes
d'Approche, qui peuvent être
utiles à tout le monde; aux uns
dans la Navigation & le Com-
merce, pour découvrir fur Mer
des Vaiffeaux, ou s'affurer de
loin de leur arrivée; aux autres,
pour bien des découvertes cu-
rieufes, comme on le verra dans
le Traité d'Optique que je vais
donner inceffamment. L'avis
que je donne de ne fe point fervir de Lunettes fans y être abfolument obligé, paroîtra peut-
être bien défintéreffé de la part
d'un Artifte. Mais la nature qui

s'affoiblit continuellement &
imperceptiblement , ne nous
fournira d'ailleurs que trop de
raiſons de perfectionner notre
Art , pour le ſoulagement du
grand nombre de ceux que des
maladies , des accidens , & les
années forcent d'y avoir recours.

Pluſieurs perſonnes auſquel-
les par une opinion mal fondée ,
on avoit perſuadé qu'il falloit
prendre de bonne heure des Lunettes pour ſe conſerver la Vue,
étant venues me trouver pour
avoir des Conſerves , qui , di-
ſoient - elles , ne fiſſent d'autre
effet que celui de la Vue même,
je leur ai fait pluſieurs queſtions,

pour voir fi effectivement elles avoient befoin d'un tel fecours, & après avoir reconnu par leur difcours qu'elles n'étoient pas dans le cas de s'y affujettir, je me fuis contenté de leur dire qu'il n'en falloit prendre ni trop tôt ni trop tard, qu'elles pouvoient s'en paffer préfentement, qu'elles attendiffent encore quelques années, & que fi elles éprouvoient quelque changement dans leurs yeux, & dans la façon de voir les objets, elles revinffent me trouver, que je ne refuferois pas de leur être utile : un nombre de ces perfonnes ont fuivi mon avis ; d'autres ont cru apparemment que n'ayant pas été en humeur de leur vendre une marchandife qui leur auroit été fuperflue, je n'y ferois peut être pas quand elles en auroient un vrai befoin.

Enfin pour ne point prévenir, ni multiplier des néceffités que l'on ne reffent que trop dans la vie, je dis qu'entre ceux qui ont le plus de befoin de ménager & de fortifier leur Vue, par le fecours des Conferves ou Lunettes, les Peintres en Mignature, les Graveurs, les Horlogers & les Cifeleurs peuvent tenir le premier rang, ainfi que plufieurs autres profeffions dont l'énumération feroit trop longue à faire, ces mêmes profeffions fatiguant, beaucoup la Vue par la petitesse des objets qui les occupent, ont effectivement besoin de Conserves d'un foyer long; par exemple, il faut pour les premiéres des Conserves de six pieds de foyer; nous entendons par six pieds de foyer, des Verres avec lesquels on peut voir un objet à six pieds d'écart de ce même objet, & le voir encore plus commodément à un écart bien moindre. Si ceux avec qui on traite ne tirent pas un secours suffisant avec ces sortes de Conserves, on pourra leur en donner d'un foyer plus court, comme du 5, du 4, ou du 3 pieds. Je vais entrer incessamment dans un plus grand détail.

Il eſt d'une grande conſé-
quence pour ces ſortes de cho-
ſes-ci de bien commencer ; car,
ſi une fois vous n'avez pas ju-
ſte votre point de vûe, il eſt moralement impoſſible d'y revenir,
parce que la Vue ſe fait petit à
petit au foyer de la Lunette,
au lieu que ce doit être le point
de vue qui en décide le foyer.
Il faut donc pour cela s'adreſſer
à un Lunettier Artiſte qui ait
deux qualités, la probité pour
ne point abuſer de la confiance
du public, & l'habileté pour ne
point donner mal à propos des
Verres dont la trop grande convexité affoiblit la Vue de la
perſonne qui s'en ſert, parce

qu'alors on la lui fait baisser, en accoutumant trop promptement ses yeux à une trop grande quantité de refléxions, qui forçant la Vue, oblige la prunelle de se rétrecir plusqu'elle ne devroit ; d'où il arrive que des personnes qui prennent des Lunettes trop fortes de bonne heure, parvenant à un certain âge avancé, n'en trouvent plus d'assez fortes pour eux, faute d'avoir ménagé les différens dégrés de vue par lesquels il faut conduire insensiblement ceux qui se servent de Lunettes ou Conserves.

Ce n'est pas toujours se conserver la Vue, que de prendre

des Lunettes de bonne heure.

Il est des personnes qui rou-
gissent de porter des Lunettes
à un âge même avancé , dans
lequel elles en auroient réellement besoin, & quand elles ne
peuvent plus s'en dispenser , elles viennent nous trouver , exi-
geant que nous leur fournissions
tout d'un coup le point juste de
leur Vue. J'ai réussi à l'égard de
quelques - unes ; mais j'ai été
obligé de dire à bien d'autres
qu'elles s'étoient trop forcé la
Vue, pour recevoir quelque utilité de ce secours, & que dans
la situation où elles étoient, je
craignois même que cela ne leur
fût préjudiciable : quelques-

unes ont suivi mon avis ; d'autres ont pensé que si cette ac-
quisition leur devenoit inutile,
elle ne seroit pas du moins in-
fructueuse au Marchand. Leur
conduite, sur cette derniére façon de penser, ne peut pas être
blamable. J'ai vû une Dame entr'autres âgée de soixante ans,
qui n'est pas un âge hors de porter des Lunettes, puisque plusieurs personnes qui ont toujours
eu la Vue forte & bonne prennent enfin le parti de prendre
des Conserves à cet âge, n'en
pouvoir trouver d'assez fortes
pour elle, & cela pour avoir trop
attendu. Sans avoir la Vue courte, cette Dame étoit d'une san-

té parfaite , à cela près de ſes yeux , dont elle ne pouvoit faire uſage pour aucun exercice qui pût lui convenir. Elle m'avoua qu'il y avoit plus de quinze ans qu'elle avoit éprouvé pour la premiére fois, les marques auxquelles je déſigne le vrai beſoin de Lunettes ou conſerves ; qu'elle n'avoit pû s'y réſoudre dans ce temps-là , & que la foibleſſe depuis n'avoit pas diminuée. La preuve malheureuſement pour elle n'étoit que trop évidente. Je vais faire voir inceſſamment à quoi on pourra connoître, ſi réellement on a beſoin de ce ſecours , pour n'en faire uſage ni trop tôt ni trop tard,

Le besoin des Conserves se
fait sentir assez ordinairement,
le soir à la lumiére d'une chandelle, ou de deux , & ceux qui
s'en apperçoivent au jour , pré-
viennent mes intentions. Le Soleil ne nous fournissant plus la
lumiére , (comme il n'est rien
dans le monde qui puisse lui être
comparé) quelques-uns parve-
nus à un certain âge ont besoin
d'avoir recours à ce supplément,
& d'autres sans être avancés en
âge par rapport au tempéram-
ment, parce que les yeux dont
le cristallin commence à se des-
sécher plutôt chez les uns que
chez les autres, obligent les premiers à prendre des Lunettes

avant les autres , ce qui prouve qu'il n'y a rien de plus déraisonnable que de demander aux personnes qui s'adreſſent à nous, pour acheter ces ſortes de marchandiſes , quel âge elles ont : il ſeroit, je crois, plus à propos de leur demander ſi elles ont apporté avec elles leurs yeux , parce que ce ſont là les ſeules choſes néceſſaires pour faire cette acquiſition.

L'âge ne prouve rien pour le dégré des Lunettes , car on donnera quelquefois à une perſonne de 40 ans , ce que l'on donne à une autre de 8 o, & cela m'eſt arrivé. Je fus appellé il y a quelques années , dans une maiſon ,

maiſon, où je donnai à la mere qui avoit 81 ans, le même dé-gré de vue qu'à la fille qui n'en avoit que 42. Voici une régle ſuivie aſſez ordinairement par quelques - uns,

Depuis 25 ans juſqu'à 35, ils donnent du 6, du 5, du 4, du 3 pieds, & du 30 pouces.

Depuis 35 juſqu'à 45, du 24, du 22, du 20, du 18, & du 16 pouces.

Depuis 45 juſqu'à 55, du 14, du 12, du 10, du 9, & du 8 pouces.

Depuis 55 juſqu'à 70, du 12, du 10, du 9, du 8, & du 7 pouces.

Depuis 70 juſqu'à 90, du

B

8 , du 7 , du 6 , du 5 , du 4 pouces & demi , quelquefois même du 4 pouces.

S'il n'est point de régle si générale qu'elle soit , qui ne souffre quelque exception , celle-là assurément , selon l'expérience journaliére que nous en avons , en souffrira plus que d'autres. Je ne prétens pas cependant m'élever en faux contre toutes ces proportions. Je sçai , par exemple , que plusieurs personnes à 60 ans , portent des Verres de 12 pouces de foyer ; mais j'en sçai aussi bien d'autres , qui ont besoin de ce même dégré de vue à 35 , 40 & 45 ans. Toutes ces réflexions prouvent beau-

coup de difficultés pour faire ces
fortes d'amplettes , pour d'autres que pour foi-même.

Pour lever ces difficultés en
faveur des perfonnes qui font
en Province, & qui veulent faire
venir des Lunettes de Paris ,
voici le parti qu'il faut qu'elles
prennent.

Il faut qu'elles choififfent entre toutes les Lunettes des perfonnes qui s'en fervent dans leur
Ville, celles avec lefquelles elles
verront plus commodément les
objets fans que leur vue travaille. Elles peuvent l'envoyer pour
modéle, on leur fera tenir quelque chofe même de plus régulier , fuppofé que le modéle ne

le fût pas lui-même , & qui se
trouvera juste à leur Vue. Si elles ne peuvent point envoyer de
modéle , parce que quelquefois
les personnes à qui elles se seroient adressées , ne peuvent ou
ne veulent pas s'en dessaisir , vû
la difficulté de trouver en Province quelque chose de bien juste à leur Vue ; il faudroit alors
mesurer le foyer des Verres que
l'on a choisis , suivant la maniére que j'indique ci-après.

Je suppose les deux Verres
bien égaux de foyer entre eux ;
car si l'un est d'un foyer , & l'autre d'un autre , comme cela arrive très-souvent aux Lunettes
communes , on ne sçaura alors

à quoi s'en tenir : mais s'ils font égaux de foyer ; c'eſt-à-dire, que l'un ne groſſiſſe pas plus que l'autre, préſentez-les au jour dans une Chambre, vis-à-vis une tapiſſerie ou un mur ; faites en ſorte que l'objet qui eſt devant le Verre ſe dépeigne ; par exemple, le chaſſi de la fenêtre qui éclaire la Chambre où vous prenez cette meſure, doit être repréſenté au travers du Verre ſur la tapiſſerie ou ſur le mur ; prenez une meſure ſur laquelle vous tiendrez droit votre Verre, vous l'approcherez ou retirerez, juſqu'à ce que la repréſentation du chaſſi ſe faſſe voir clairement ; écartez enſuite vo-

B iij

tre Verre, jufqu'à ce que l'objet repréfenté commence à fe perdre de vue, marquez en l'endroit fur cette même mefure ou bâton, vous aurez jufte la longueur du foyer du Verre, que vous mefurerez enfuite avec un pied. Après avoir pris cette mefure, vous trouverez 12, 14, ou 18 pouces plus ou moins ; vous demanderez alors qu'on vous envoye des Lunettes de 12, 14, ou 18 pouces de foyer plus ou moins, fuivant la mefure que vous en aurez prife, & vous ferez fûr d'avoir le même dégré de vue que celui que vous aurez mefuré.

Pour les Conferves qui grofsissent peu les objets, & dont le foyer est par conséquent plus long, comme de 2 pieds, 2 pieds $\frac{1}{2}$, 3, 4, 5, & 6 pieds ; il faudra, pour en avoir la mesure, la représentation d'un objet beaucoup plus éloigné que celui des carreaux d'une croisée, qu'on reçoit alors par l'ouverture de la croisée même. Si le Soleil éclaire bien l'objet, on en aura la représentation au foyer du Verre.

Voici une autre maniére plus commode & plus aisée pour envoyer les foyers de toutes sortes de Verres. Prenez la Lunette que vous aurez trouvée la plus juste à votre Vue, appliquez le

B iiij

Verre fur un peu de cire à cacheter bien chaude, l'ayant auparavant échauffé lui même fur un peu de feu , le tenant à la main, crainte de brûler la chaffe qui l'environne , la cire prendra la forme du Verre , comme elle prend celle d'un cachet : faites la même opération de l'autre côté du Verre, fur une autre portion de cire ; le Lunettier à qui vous envoyerez ces deux fortes de calibres ou mefures , vous envoyera le foyer jufte du Verre dont vous lui aurez donné l'impreffion. On peut faire la même opération pour les Verres concaves qui font deftinés à l'ufage des Vues courtes , ainfi

que pour les Verres convexes
qui servent aux Vues longues.

Lors donc qu'à la lumiére nous
nous appercevons que nous sommes obligés d'écarter ou approcher plus qu'à l'ordinaire l'objet de nos yeux ; qu'il s'échap-
pe , se perd , ou tombe en confusion ; qu'en lisant , les Lettres
& les lignes nous semblent passer les unes sur les autres ; que
les yeux travaillent pour recevoir les réflexions qui partent
d'un objet , & qu'ils sont même
obligés de se fermer de temps
à autre pour recevoir quelque
soulagement , ou bien d'être di-
vertis par la vue d'un autre objet pour se procurer une espece
B v

de rafraîchissement, c'est-là le commencement des foiblesses qui nous indiquent la nécessité de prendre des Conserves. Tant que l'on ne sent aucun de ses effets, on n'a pas besoin de Lunettes ou Conserves: si au contraire l'on en ressent quelqu'un, les Conserves alors sont nécessaires, parce qu'elles soutiennent la Vue, lui facilitent les réflexions de la lumiére en les réunissant de plus près que l'objet, & font reprendre aux yeux la distance naturelle dont on voyoit auparavant les objets: ainsi l'excès de l'écart ou du rapprochement de l'objet aux yeux, est une preuve convaincante du beſoin que l'on a de ſe ſervir de Conſerves. En s'obſtinant, comme font bien des perſonnes, à ne s'en point ſervir, ſoit par modeſtie, ſoit par bienſéance, ou dans la crainte de paroître plus âgées qu'elles ne ſont, on ſe fera baiſſer la Vue, de façon que quelques mois après, on ſera dans l'obligation de prendre, non pas des Conſerves, mais de vraies Lunettes. Par conſéquent, une Vue à laquelle il ne falloit qu'une très-petite réunion de réflexions dès le commencement de l'affoibliſſement de ſes yeux, en aura beſoin d'une bien plus grande; c'eſt-à-dire, qu'il lui faudra des Verres beaucoup

B vj

plus convexes que ne le font ordinairement ceux des Conferves , & l'on fera même obligé
d'approcher de plus près l'objet
de fes yeux. Voilà bien ce que
l'on peut appeller diminution de
Vue. Ainfi une perfonne à qui
il ne falloit pour premieres Lunettes que des Conferves de fix
pieds , ayant laiffé trop affoiblir
fa Vue , ne connoiffant pas les
marques que j'ai indiquées ci-
deffus pour la néceffité de prendre des Conferves , fera obligée
de fe fervir des Lunettes de 18.
pouces , & quelquefois même
de 12 pouces. Les connoiffeurs
& le public , fentent aifément
la différence qu'il y a entre une

Conſerve d'un foyer de 72 pouces, & celui de 18 ou 12 pouces. L'abus que l'on peut faire,
& que l'on fait même très-ſou-
vent, de la bonté de ſes yeux,
prouve bien que l'âge n'y entre
pour rien; il faut donc ſuivre
en cela, comme en quantité
d'autres choſes, le ſentiment
d'un ancien; *principiis obſta, ſe-*
rò Medicina paratur. Si on re-
medie de bonne heure à la foibleſſe que je viens de décrire,
& qu'elle ne ſoit que paſſagere,
les Conſerves ne l'augmente-
ront point, & ne feront pas
contracter la néceſſité de leur
uſage; nous en avons l'expérience par pluſieurs perſonnes,

qui après s'en être servi cinq
ou six mois, & même quelques
années, viennent au point de
n'en avoir plus de besoin : il y a
tout lieu de croire que ces Conserves étoient très - exactes &
très régulieres ; car les Lunettes
communes, loin de préserver de
leur usage continuel , augmentent plutôt notre foiblesse qu'elles ne la diminuent ; & à bien
prendre , ce que l'on entend par
le terme de Conserves , ne convient en aucune façon à de
mauvaises Lunettes dont je vais
donner la description.

L'usage continuel de ces sortes de Lunettes engendre à la
longue des duretés ou des inéga-

lités, qui font paroître quantité de petits corps dans l'air,
lorfqu'on regarde le Ciel , &
qui nous trompent de maniere,
qu'on chaffe ces corpufcules ,
comme fi c'étoient des mou-
cherons qui nous importunaf-
fent ; d'où il eft aifé de conclur-
re que ce font des parties du
criftallin, ou même de la cornée,
ou de la retine , qui fe font
deffléchées, endurcies , ou brû-
lées, par la trop grande lumiere qui eft entrée irréguliére-
ment dans l'œil. Ces duretés
rendent infenfible l'organe immédiat de la Vue aux impref-
fions des rayons qui partent de
certains points de l'objet. La

vacillation de l'axe Optique, nous fait attribuer des mouvemens irréguliers de ces corps fuppofés, ou mouches volantes, pendant que c'eft nous qui mouvons leur caufe dans le fond du globe de l'œil, fans y faire attention.

La meilleure maniere de fe conferver la Vue, eft d'avoir deux fortes de Conferves ou Lunettes; une pour le jour & une pour le foir à la lumiere. Celle du jour doit être plus jeune; c'eft-à-dire, d'un foyer plus long que celle du foir, parce que le Soleil nous fournit une plus grande quantité de rayons de lumieres, que toutes les bou-

gies du monde. Par exemple,
une personne à qui une Conserve
de six pieds suffit pour le jour,
peut en prendre une seconde
pour le soir de 4 à 5 pieds de
foyer, afin d'entretenir toujours
les yeux à recevoir le soir, comme le jour, à peu près une même quantité de rayons de lumiere. Ces dernieres Conserves
étant d'un foyer plus court, réunissent davantage de rayons, &
peuvent entrer en quelques proportions avec ceux que le Soleil nous fournit dans le jour, en
se servant de Conserves de six
pieds. Ceux qui se servent de
Verres de 20 pouces de foyer
dans le jour, peuvent en prendre

pour le soir du 18 pouces, sans courir risque de se faire baisser la Vue; car les Verres de 18 pouces pour le soir ne produiront pas plus à la lumiere, que ceux de 20 au jour. Je peux même dire plus, selon l'expérience que j'en ai faite à l'égard de plusieurs personnes, que l'on ne restera pas si long-temps au même dégré de vue, en se servant le jour & le soir d'un seul & même foyer de Verre, la prunelle se dilatant la nuit pour être plus susceptible de la lumiere, parce qu'elle est en moindre quantité que le jour; cette dilatation prouve beaucoup le besoin que l'on a de prendre pour le soir des Verres qui réunissent davantage de réflexion de l'objet. La Vue étant soutenue de ce secours, la prunelle souffrira une ouverture moins considérable, & par conséquent plus proportionnée à celle du jour. L'usage d'un foyer un peu long n'est pas méprisable, puisqu'il nous conserve toujours dans un certain écart, des objets que nous voulons voir ; il est au contraire fort disgracieux d'avoir, pour ainsi dire, le nez sur les objets, pour les découvrir avec des Verres d'un foyer court.

Voici les dégrés de vue auxquels on reste le plus long-tems, quand on ne se sert que de Ver-

res réguliers , sçavoir de 30 ,
24, 18 , 16 , 12 , 10 , 8 , 7,
& 6 pouces. Comme la Vue va
toujours en s'affoiblissant , ainsi
que les autres parties du corps ,
nous sommes obligés de prendre
des Verres d'un foyer plus court
à mesure que la foiblesse ou l'âge
augmentent ; celle ci par pro-
gression du côté des années , &
ceux-là par rétrogradation du
côté des foyers, qui deviennent
plus courts à mesure que nous
avançons en âge ; par exemple ,
à 30 ans on se servira quelquefois d'une Conserve d'un foyer
de six pieds , & à 60 d'une Lunette d'un pied de foyer : & pour
me faire entendre plus claire-

ment, je dis qu'une Lunette de 30 pouces est plus jeune que celle de 18, 16 & 12 pouces. Celle de 10, 9, 8, 7 & 6 pouces, s'appelleront par conséquent, vieilles Lunettes, ou Lunettes pour un âge avancé.

Les meilleures Lunettes ou Conserves pour les Vues longues ordinaires, font celles qui font travaillées réguliérement des deux côtés. Elles font, pour deux raisons, préférables à celles qui ne font travaillées convexes que d'un côté : la premiere est que les liqueurs qui composent nos yeux, font elles-mêmes convexes des deux côtés ; par conséquent, tout ce qui est plus conforme à la nature de la chose, lui est plus avantageux : la seconde, est que les Verres plats d'un côté & convexes de l'autre, sont capables d'altérer peu à peu la Vue, par un défaut d'attention qu'il seroit nécessaire d'avoir dans l'usage de ces sortes de Lunettes, afin de mettre toujours du côté des yeux le plan de ces Verres, & la convexité du côté de l'objet que l'on veut voir. Ceux qui se servent de ces sortes de Lunettes, travaillées seulement convexes d'un côté, me rendront justice, en avouant qu'ils ont effectivement eux-mêmes fait l'expérience de la sujettion qu'elles entraînent avec elles, de retourner toujours le plan de ces Verres du côté des yeux : on sent même que les yeux souffrent d'un usage contraire. Les Verres Convexes des deux côtés au contraire, réuniffant également de chaque côté les rayons de la circonférence au centre, n'ont befoin d'aucun retour pour faire un bon effet, parce que les rayons qui tombent obliquement, & avec égalité des deux côtés, par la convexité réciproque & paralléle de ces deux furfaces, partagent par moitié la diftance de leur réunion des deux côtés, outre la raifon que nous avons tirée de la nature de l'œil en lui-même, dont nous venons de parler ; au lieu que ceux qui ne font travaillés que d'un côté, pour en faire un usage qui ne soit pas nuisible à la Vue, il faut mettre le plan de ces Verres du côté des yeux, & la convexité du côté de l'objet ; parce que les rayons de lumiere qui tombent perpendiculairement sur une surface plane, ne se brisent pas comme ceux qui tombent obliquement sur une portion sphérique. Voilà d'où vient la nécessité de retourner ces Verres, pour voir plus commodément un objet, la réunion exacte des rayons n'étant que d'un côté ;

côté ; c'eſt ce dont bien des perſonnes s'apperçoivent, & retour-
nent ſouvent leur Lunette ſans
ſçavoir la cauſe de ce mouvement forcé , & ne connoiſſent
le côté qui doit être devant les
yeux , que lorſqu'ils ſont atta-
chés à regarder quelque objet.

Quant aux Conſerves les plus
jeunes, plus la matiere ſera parfaite en elle-même , & bien fi-
nie pour le douci & le poli, moins
l'interpoſition ſera ſenſible.

Tous les jours ceux à qui nous
donnons ces ſortes de Conſerves, nous diſent cependant qu'ils
voyent mieux avec leurs yeux ,
qu'avec des Conſerves du foyer
le plus long. En voici la raiſon:

C

ce font des Vues délicates que
la moindre interpofition bleffe ;
je fçai, par expérience, que les
bonnes Lunettes leur procure-
ront l'avantage de lire ou travailler plus long-tems, que s'ils
ne fe fervoient que de leurs yeux ;
il eft vrai qu'ils fentiront toujours quelque chofe qui les blef_
fera, ou du moins les inquietera
fur l'ufage des Conferves même
les plus jeunes, ce qui eft l'interpofition de la matiere dont
ces Verres font compofés, qui
les prive de voir les objets avec
une évidence immédiate, comme eft celle dont ils voyent avec
leurs yeux.

Pour obvier à la difficulté

dont nous venons de parler, voici le parti qu'il faut prendre : les Conferves les plus jeunes ne doivent avoir d'épaiffeur de matiere que celle qui leur eft néceffaire pour la convexité de l'arc de cercle, dont elles ont le foyer ; en forte que ces Verres foient dans tous les points de la circonférence auffi aigus, que le bord d'un fol marqué. L'interpofition alors fera bien moins fenfible, & le Public en fera mieux fervi. Je fçai la difficulté qu'il y a de réuffir à ces fortes de Verres jeunes ; mais après tout, nous ne fommes obligés de faire ufage de tout ce que l'art & l'expérience nous ont appris, qu'en faveur de ceux qui font affez judicieux & équitables, pour ne point augmenter le nombre des malheureux, en nous obligeant de travailler pour eux.

Il faut cependant avoüer que les Verres plans Convexes d'un côté, exactement travaillés, font préférables à de mauvais Verres Convexes des deux côtés, tels que font ordinairement toutes ces mauvaifes Lunettes communes, dont nous n'avons que trop de débit, & qui font plutôt capables d'altérer la Vue, que de la conferver; foit par l'irrégularité de leur affortiment, l'un étant d'un foyer d'un côté, & l'autre d'un autre; soit par le défaut du douci, soit par l'inégalité de l'épaisseur de la matiere, ou par les défauts dont ces sortes de matieres sont communément remplies, tels que sont des fils de Verre, des points & des bouillons; soit enfin par l'irrégularité des bassins dans lesquels on les travaille; ajoutez à cela qu'on en fait au moins six à la fois: voilà ce qui en fait le bon marché. D'habiles Artistes, & de bonne foi, conviendront avec moi qu'il est moralement impossible de faire plus d'un Verre à la fois, afin qu'il ait toutes les qualités requises, pour faire

un Verre parfait. S'il y a tant
de difficulté à les faire parfaits
un à un, on peut juger de la perfection de ceux qui ſe font à la
douzaine : en un mot, ſi nous
ne vendions pas tant de Lunettes communes, que nous le fai-
ſons, le débit des Lunettes ne ſeroit pas ſi grand qu'il eſt ; car
depuis que j'en fais le commer-
ce, je m'apperçois que je vend
plus de Lunettes de différens
foyers, à ceux à qui je vend du
commun, qu'à ceux à qui je ne
donne que du bon ; & cela, parce que des Verres irréguliers
font baiſſer la vue de plus en plus.
Il eſt étonnant que l'on eſtime
ſi peu la conſervation de ce que

l'on peut bien appeller la moitié de la vie. Il n'en est pas cependant de la conservation de la Vue, comme de celle du corps; la finesse des étoffes qui servent à nous couvrir, est fort indifférente à la santé, au lieu que celle des Verres contribue beaucoup à soutenir nos yeux dans une égale force, en produisant par la régularité de leur travail, ce que la foiblesse de la nature commence à leur refuser. Nous avons l'expérience de gens qui se servent depuis dix ans & vingt ans du même dégré de Vue, avantage qu'ils n'auroient certainement pas trouvé dans l'usage des Ver-

C iiij

res communs, dont les bords ordinairement, au lieu de nous repréfenter les objets dans leur fituation naturelle, nous les font paroître courbes, avec un cercle d'Iris fur toute la circonférence, & caufent aux yeux une efpéce d'attraction : voilà à quoi on connoît l'irrégularité de ces Verres.

Quelques perfonnes un peu fcrupuleufes, ne voulant pas charger une petite partie du corps, (cependant un des cinq fens,) de la conduite du tout, prennent le parti de préférer les Monocles, appellées communément Lanftiers ou Lunettes de main, aux Lunettes à deux

Verres. Voici ce qu'il est à propos de conseiller aux personnes qui se scandalisent si aisément ; il est cependant vrai qu'une Lunette à la main a quelque chose qui répugne moins que des Lunettes sur le nez ; & dans un âge même avancé, nous aimons naturellement quelque chose qui nous rappelle un air de jeunesse. Il faut faire essayer à ceux qui n'ont encore fait aucun usage de ces Lunettes à la main, ni d'autres, des Lunettes à deux Verres ; il faudra remarquer le foyer de celle qu'il trouveront la meilleure pour leur Vue, & leur donner une Lunette à la main ou Lanstier, qui soit dou-

C v

ble de foyer de celle qui étoit propre à la Vue, s'ils tiennent leur Verre entre l'œil & l'objet qu'ils veulent voir dans un certain milieu ; par exemple, si la Lunette qui a servi à prendre leur point de Vue est de 12 pouces de foyer, il leur faut un Verre de 24 pouces de foyer ; mais s'ils le tiennent tout contre l'œil, de façon que l'œil touche au Lanstier, il leur en faut un du foyer de la Lunette qu'on leur a fait essayer : pour ces derniers, il seroit plus à propos de leur en dissuader l'usage, & les engager à celui des Lunettes à deux Verre ; vû l'incommodité qu'elles entraînent avec elles pour lire

& pour écrire. Pour les premiers qui tiennent leur Lunette à la main dans un certain milieu entre l'œil & l'objet, je dis qu'il leur faut le double du foyer de la Lunette qu'on leur a fait essayer ; en voici la raison. Un foyer se trouvant dans la section des deux airs, fait autant d'effet du côté de l'objet, que du côté de l'œil ; ce qui fait alors un double produit qui forme un foyer de 12 pouces, qu'on approche de l'œil ce même Verre, alors ne souffrant aucun partage, il ne forme qu'un foyer de 24 pouces. Pour rendre l'expérience plus sensible, qu'on prenne un Verre de 12 pouces,

C vj

qu'il foit approché de l'œil d'une main , & qu'on en tienne un de vingt-quatre pouces de l'autre main , l'objet ou les lettres d'une écriture ne vous paroîtront pas plus groffes au travers du Verre que vous tenez auprès de l'œil , qu'au travers de l'autre que vous tenez dans le milieu qui eft entre l'objet & l'œil.

Pour les Vues courtes , dont on va parler inceffamment , elles tiennent rarement leur Verre dans ce milieu ; c'eft pourquoi on doit leur donner en Lunettes à un feul Verre , le même foyer que celui de celle à deux Verres qu'elles ont effayée , ou dont elles ont coutume de faire ufage,

Les personnes de Province qui demandront des Lunettes à la main, auront soin de faire attention à ce que je viens de dire, attendu la différence de ces foyers, qui vient de la différente maniere dont on veut faire usage de ces sortes de Lunettes. Il sera aussi aisé d'envoyer le foyer ou la mesure d'une Lunette à la main, comme d'une Lunette à deux Verres, excepté que pour ceux qui tiennent le Verre dans un certain milieu entre l'objet & l'œil, il faudra demander le double du foyer qu'on aura mesuré : si c'est avec une Lunette de six pouces, il faudra demander une Lunette de 1 2 pouces de foyer. Ceux qui ne pourront faire ufage d'un Verre dans un certain écart de l'objet & de l'œil, le demande-ront préciſément du foyer de la Lunette avec laquelle ils auront pris leur meſure, comme nous avons dit ci-devant, en parlant de la maniere d'envoyer les foyers de toutes ſortes de Lunettes.

Les vieillards ordinairement liſent mieux à une diſtance éloi-gnée que de près, parce que les rayons qui viennent de plus loin, ſe réuniſſent en plus gran-de quantité ſur les mêmes points de la rétine, & y font une plus forte impreſſion. Les perſonnes moins avancées en âge ne voyent

que confusément les objets en-
visagés de trop près, parce que
les angles que font les rayons
étant trop grands, les rayons
qui partent de chaque point de
l'objet sont trop écartés, & ne
se trouvent point assez réunis sur
les mêmes parties de la rétine,
que je suppose être l'organe im-
mediat de la Vue, ou cette partie du globe de l'œil, qui par
l'action des rayons de la lumiere reçoit les impressions des objets extérieurs & visibles, pour
en communiquer les idées au
cerveau & à l'ame. Un Verre
convexe, dont le propre est de
rassembler les rayons, ne produit que de la confusion aux

Vues courtes, parce qu'il les réunit avant qu'ils tombent fur la rétine; par conféquent ils n'y parviennent qu'après s'être croifés, & lorfqu'ils font éparpillés & fans force.

Nous allons parler dans la feconde Section de ces fortes de Vues d'une maniere plus détaillée, & des Verres concaves qui leur conviennent, Verres bien différens de ceux qu'il faut pour les Vues longues ordinaires.

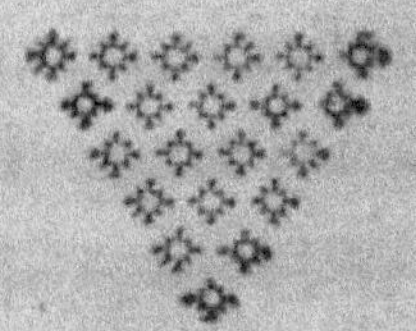

SECONDE SECTION.

DES VUES COURTES,
& des Verres Concaves qui leur sont propres.

IL y a deux sortes de Vues courtes ; l'une de naissance, & l'autre par accident ou maladie : ces deux sortes de Vues se servent rarement de Lunettes à deux Verres, comme sont ordinairement celles que l'on met sur le nez. Elles ne se servent communément que d'un seul Verre qu'elles tiennent à la main, ou d'une Lunette d'Approche à deux Verres, dont l'un est concave & l'autre convexe ; à moins que ce ne soient des gens d'étude ou de cabinet, qui ayent besoin alors de l'application de leurs deux yeux, auxquels on peut donner des Conserves concaves des deux côtés. Pour les premieres du 4 & 3 pieds, 2 pieds $\frac{1}{2}$ & 2 pieds ; ainsi du reste, comme nous venons de dire dans la premiere Section pour les Vues longues ordinaires. Quand ces sortes de Vues sont courtes de naissance & bonnes, elles se passent aisément de Lunettes ; elles voyent plus distinctement les objets qui sont près d'elles, que ceux qui en sont éloignés médiocrement,

& qui, à un plus grand écart, font vûs par les Vues longues ordinaires fans aucun fecours; parce que ceux qui ont la Vue courte ont le Criftallin trop convexe, & par conféquent la rétine trop éloignée du Criftallin, ce qui ne leur rend les rayons d'un objet éloigné, que comme éparpillés & fans force, parce que partant de cet objet, ils fe réuniffent & fe croifent dans l'œil, avant d'atteindre la rétine, d'où vient qu'elles font incapables de tracer une image diftincte. On voit cependant ces perfonnes-là parvenir à quatre-vingt-dix ans fans prendre de Lunettes. Leur en perfuader l'usage, c'est leur faire présent d'une nécessité dont elles se passeroient bien, & qui les obligeroit jusqu'à la fin de leurs jours de se servir de ce secours, parce que leurs yeux s'accoutumant peu à peu à la façon de réfléchir les rayons de lumiere des Lunettes qu'on leur a fait prendre, elles viendront au point de ne pouvoir plus s'en passer ; il y a même plus, car c'est leur faire baisser la Vue, ainsi que nous venons de dire ci-devant des Vues longues & bonnes, auxquelles on peut faire prévenir mal à propos l'usage des Lunettes convexes. Il faut donc dans un Artiste autant de probité

pour les unes que pour les autres, & qu'il ne perde pas de
vue ce grand principe de mo-
rale, *ne feceris alteri, quod tibi
ipsi fieri non vis.* Un vil intérêt
ne doit point nous faire prendre
pour les autres un parti que nous
ne prendrions pas pour nous-
mêmes.

Pour ceux dont la Vue est
courte & foible, les Lunettes
Concaves leurs sont utiles, afin
qu'ils puissent voir l'objet d'une
maniere plus claire & plus di-
stincte qu'avec leurs yeux ; à la
vérité, elles diminuent l'objet,
parce qu'elles le font voir sous
un angle plus petit, les rayons
qui sortent de ces Verres s'écar-

tant de la perpendiculaire en paſſant dans un milieu moins libre, & cet écart les éloignant les uns des autres, les empêche de ſe réunir ſitôt ſur la rétine ; par conſéquent des yeux qui réuniſſent trop tôt les rayons d'un objet, ont beſoin de ces ſortes de Lunettes. Nous avons dit à la fin de la premiére ſection, les raiſons pour leſquelles un Verre qui groſſit les objets ne peut pas convenir à ces ſortes de Vues. Demander des Verres dont l'effet eſt ſi contraire à la nature des yeux, c'eſt demander la perte de la Vue, & en même temps l'impoſſibilité, n'en pouvant trouver de tels.

Il est à propros de dire, sur l'usage des seuls Verres à la main, ou Lunettes d'approche à deux ou à quatre Verres, que ceux qui regardent à travers, ne se servent ordinairement que d'un œil & ferment l'autre ; qu'il y en a qui tiennent tous les deux yeux ouverts, & qui voyent aussi bien à travers d'un Verre ou d'une Lunette d'approche, que ceux qui en ferment un, nonobstant la quantité des objets qui se peignent dans l'œil ouvert, qui n'a aucun rapport à l'autre œil qui est attaché à regarder un objet fixe à travers de ce Verre ou Lunette d'approche. La raison est que l'œil avec lequel on regarde à travers le Verre ou la Lunette d'approche, & celui qui n'y regarde pas, ont tous les deux leur axe dirigé vers l'objet que l'on regarde à travers du Verre; ainsi les objets extérieurs n'affectent que foiblement l'œil qui est hors le Verre, parce qu'ils sont seulement vûs sans être regardés : par exemple, lorsque nous sommes fort occupés de quelque chose en marchant, nous ne laissons pas de voir notre chemin sans regarder les différens objets ou personnes que nous rencontrons. La différence qui se trouve donc entre voir un objet & le regarder, vient

de

de l'attention de l'ame à la re-
préfentation de l'objet qui en
accompagne toujours le regard,
& non la fimple vue de l'objet ;
ce qui fait dire communément
qu'en voyant on ne voit pas. Une
preuve que la foibleſſe de l'effet
des rayons qui partent de ces objets extérieurs, ne provient que
de l'inattention de l'ame , c'eſt
que lorſque l'œil regarde à travers de la Lunette d'approche, il
ne confidére pas l'objet à la diſtance qu'il eſt, comme on le voit
ordinairement , mais il ſe l'ima-
gine plus près de l'œil : cet œil
alors change ſa figure de la maniére qu'il convient pour voir les
objets de près, pendant que l'au-

D

tre œil change involontairement
sa figure de la même maniére ; & comme il n'y a point
d'objet si près de l'autre œil que
celui que l'on voit à travers la
Lunette , tous les objets dont
les rayons tombent sur cet œil
là, sont trop éloignés pour pouvoir faire une forte impression
sur l'organe de la Vue d'un œil
qui est figuré de façon à voir
les objets de près; la preuve de
cela est que quand on lit , on
n'est point affecté par les objets qui passent à quelque distance de soi. Ceux qui font
beaucoup d'usage de la Lunette d'approche à deux ou à quatre Verres , & même les Vues

courtes qui ne se servent que d'un seul Verre appellé Monocle, qui est ordinairement monté dans une queuë d'écaille ou de corne, pour regarder les objets, peuvent (vû l'incommodité qu'il y a de contraindre un œil à se fermer, ou d'avoir les deux mains occupées, l'une pour tenir la Lunette vis-à-vis de celui qui est ouvert, & l'autre sur l'autre œil pour l'obliger à se fermer plus réguliérement) s'accoutumer par dégrés à regarder à travers de leurs Lunettes d'approche ou de leur Verre seul, avec les deux yeux ouverts, en commençant la nuit cet exercice à la lumiére d'une ou plufieurs bougies, près de l'objet que l'on veut regarder, & aprés par dégrés jufqu'en plein jour, nonobftant la quantité des objets qui fe trouvent devant l'œil qui n'eft pas appliqué au Verre ou à la Lunette d'approche. Cette habitude-là eft aifée à contracter, & la fuite en fait connoître l'utilité; elle eft de néceffité pour un Artifte qui fouvent eft occupé à mettre des Lunettes d'approche à leur point de vue, & alors il n'a pas trop de fes deux mains.

Il faut avoüer que les Vues courtes font plus difficiles à fervir que les Vues longues ordinaires; voici le nœud gordien de cette difficulté. Si on veut donner des Lunettes à deux Verres, montées dans une chasse d'écaille ou de corne, comme les Lunettes ordinaires des Vues longues, il faut bien prendre garde si celui à qui on les fournit, a les deux yeux bien égaux de point de Vue; j'en ai trouvé plusieurs à qui il m'a fallu mettre des Verres de différens foyers dans une même Lunette. Pour suppléer aux défauts de ces sortes de Vues, il est nécessaire d'avoir beaucoup d'attention, afin de mettre des Verres bien réguliers pour le travail, & bien justes à ces différens dégrés de vue des deux yeux, parce qu'alors elles feroient plus nuifibles qu'utiles à ceux à qui on les don- neroit. Si les deux yeux font égaux entr'eux, c'eft-à-dire, que le gauche & le droit voyent également avec le même foyer d'un feul Verre, il n'y a aucune difficulté de leur mettre deux Verres d'un même foyer. Voici cependant une délicateffe que j'ai remarquée dans un grand nombre de perfonnes qui ont la Vue courte ; c'eft que deux Verres travaillés dans le même baffin, par conféquent d'un mê- me foyer, mais par différentes mains, faifoient un changement confidérable pour ces fortes de Vues ; il faut par conféquent

que ce foit la même perſonne
qui faſſe l'un & l'autre, ces ſortes de Vues s'appercevant aiſément de la moindre différence dans le travail des Verres.
Quant aux Lunettes de différens foyers, j'en ai vendu une
à une perſonne qui avoit la Vue
courte, dont un des Verres avoit
douze pouces de foyer, & l'autre trois pouces, & elle s'eſt
parfaitement bien trouvée de
ces deux foyers ſi différens. L'â-
ge ne prouve rien non plus pour
ces ſortes de Vues; car j'ai donné le même dégré de Vue à
trois ſortes de perſonnes, l'une
de 28 ans, l'autre de 55, & la
derniére de 80; c'étoit un Ver-

D iiij

re de deux pouces & demi de foyer, travaillé des deux côtés sur un baffin convexe de 5 pouces de foyer.

Une perfonne de Province, qui a la Vue courte, m'écrivit il y a quelques années, qu'après avoir vû plufieurs perfonnes, fans avoir réuffi jufqu'alors, elle s'adreffoit à moi pour avoir une Lunette qui pût lui convenir; que celles qu'on lui avoit envoyées, s'étoient trouvées ou trop courtes ou trop longues, & que faute de ce fecours, elle reftoit dans l'inaction : je lui répondis que pour finir le terme de fes recherches, il m'étoit venu dans l'efprit un expédient,

(qui peut servir d'un quatriéme moyen pour envoyer un
point de vue) dont j'avois déja fait usage à l'égard de plusieurs personnes qui s'étoient
trouvées dans le même cas où
elle étoit , & cela avec un heu-
reux succès ; voici l'expédient
dont je me suis servi : qu'il falloit faire mesurer l'espace qu'il
y avoit depuis ses yeux jusqu'à
l'objet qu'elle vouloit voir , soit
pour lire ou pour écrire,& qu'en
m'en envoyant la mesure avec
un bout de fil dans une lettre ,
je lui envoyerois à très-peu de
choses près le point juste de sa
vue ; elle le fit , & je lui envoyai
des Verres de huit pouces de

D v

foyer, parce que ce brin de fil avoit environ cette longueur-là. Elle fut très-satisfaite de ces Verres, & me fit tenir par la suite deux douzaines de Verres qu'on lui avoit envoyés, dont les uns avoient 14, 15, 16, 18 & 20 pouces, d'autres 10, 5, 4 & 3 pouces, & par conséquent aucuns de ces Verres ne s'étoient trouvés justes à son point de vue.

Les Vues courtes en Province ne trouvent pas si aisément que les Vues longues, des modéles à envoyer. Quand il s'agit de servir ces sortes de Vues, on n'a pas besoin de mesure, on leur fait seulement essayer des

Verres de différens foyers, & elles nous déterminent elles-mêmes au point juste de leur vue : je puis avouer que je n'ai jamais trouvé de moyens plus sûrs que ce dernier pour ces sortes de Vues. Je ne prétens pas cependant donner cette régle pour une chose sûre à lé'gard de toutes ces sortes de Vues ; elle a cela de commun avec bien d'autres, c'est-à-dire, d'être sujette à quelques exceptions.

Comme je me suis proposé dans ce petit Ecrit, de dire tout ce que je pense, & tout ce que l'expérience m'a appris, j'espére que le Public judicieux, & que je tâche de satisfaire par

D vj

ces petites inſtructions, voudra bien m'en tenir quitte à ce prix.

D'ailleurs ſi cette meſure eſt priſe exactement, & ſelon l'écart dont on voit naturellement un objet , & ſans aucun ſecours , quoiqu'avec peine à la vérité , (parce que ſans cela on n'auroit pas beſoin de Lunettes) elle nous conduira toujours à quelque choſe de plus ſûr , que d'envoyer au hazard du 10, 12 ou 15 pouces, à des perſonnes auxquelles il faut du 5, 6, 20, 24 ou 30 pouces. Si on a lieu de craindre de ſe tromper pour le point de vue , voici la précaution que l'on peut prendre ; il faut envoyer d'abord un Verre dont le foyer soit juste de la mesure que l'on a reçue, & en même tems en envoyer deux autres, dont l'un soit supérieur à ce premier de deux pouces pour le foyer, & l'autre inférieur de deux pouces aussi de foyer : par exemple, supposons la longueur envoyée de 12 pouces; envoyez un Verre de 12 pouces, un de 14 & un de 10; il est naturellement sûr qu'un des trois réussira. L'expérience nous en prouve la vérité.

Voici des effets surprenans de l'usage des Verres sur les Vues longues & courtes, & qui semblent tenir du mystere, jusqu'à ce que l'Académie Royale des.

Sciences , cette mere féconde
en Hommes fçavans, ait enfan-
té quelqu'un qui perfection-
ne ce que d'autres n'ont fait
que concevoir , & qui puiffe un
jour donner la folution des difficultés dans lefquelles nous ne
faifons que nous embarraffer.

Une Vue courte comme une
Vue longue , avec un Verre ,
fuppofons, de douze pouces de
foyer , verra à un pied d'écart
un objet très - clairement , &
mieux qu'avec fes yeux ; un autre avec ce même Verre verra
cet objet à deux pieds , même
trois pieds , & un autre ne le
verra qu'à huit pouces d'écart.
De ces différentes opérations

ou effets, je conjecture que la
vue d'un même objet apperçu
à différens écarts par plufieurs
perfonnes avec un Verre de même foyer, fe trouve fans doute
autrement modifiée chez les
unes que chez les autres, puif-
que ce Verre n'a qu'un feul foyer,
ce qui fembleroit prouver contre l'écart dont je viens de parler, qu'il faudroit prendre la
mefure pour faciliter aux perfonnes de Province l'envoi de
leur point de vue ; mais l'expérience confirme ce que j'ai avancé, c'eft à - dire, que pour le
plus grand nombre des Vues qui
ne fortent point du foyer de leur
Verre, il faut néceffairement

en prendre la mesure. Je suis
bien aise de faire mention de
cette difficulté, pour prévenir
les Artistes de ne s'y point ar-
rêter, pour vouloir ou persua-
der aux gens de ne point prendre le point de vue le plus juste
qui puisse leur convenir, ou s'i-
maginer eux - mêmes que les
gens soient capables de leur en
imposer, lorsqu'ils nous disent,
par exemple, qu'ils voyent à
12 & 15 pouces d'écart, un objet qu'ils ne devroient vraisem-
blablement voir qu'à six pouces
d'écart, avec un Verre de six
pouces de foyer ; il ne s'en suit
pas pour cela qu'il leur en faille
un de 12 ou 15 pouces de foyer,

au lieu de celui de fix pouces ;
car l'expérience nous prouvera
qu'ils feront obligés, avec un
Verre de ce dernier foyer, d'é-
carter encore plus l'objet de
leurs yeux pour y connoître
quelque chofe, & qui alors leur
devient inutile.

La meilleure régle & la plus
générale que l'on puiffe donner
fur le choix des Lunettes, pour
les Vues courtes, ainfi que pour
les Vues longues, c'eft qu'elles
doivent nous faciliter la Vue des
objets d'une maniere naturelle,
& qui n'oblige en aucune façon
la prunelle à fe rétrécir, ou fe
dilater plus qu'elle ne doit felon
la difpofition actuelle de la Vue.

Les bonnes Lunettes procurent aux yeux un repos ; & si quelqu'un en travaillant avec ce secours, se sent la Vue fatiguée, ses Lunettes alors, ou sont irrégulieres en elles-mêmes, ou ne sont pas justes à son point de vue.

Une sorte de Vue extrêmement difficile à servir, est celle à qui on a fait l'opération de la Cataracte, soit dans la jeunesse, soit dans un âge avancé ; celle à qui on l'a fait dans la jeunesse, est susceptible de quelque secours ; à l'égard de celle à qui on l'a fait dans un âge avancé, on a beaucoup de peine à la soulager, & encore faut-il pour l'une comme pour l'autre, que ce soit trois mois après la maladie.

Monsieur Gendron , un des plus fameux Oculiste de notre siécle , m'a fait l'honneur entre plusieurs personnes, de m'adresser quelques-unes de ces sortes de Vues : j'ai tâché d'être utile aux unes, & j'ai avoué aux autres que les Lunettes leur seroient plus préjudiciables qu'utiles.

On donne assez ordinairement du 6 , du 5 , & quelquefois du 4 pouces $\frac{1}{2}$; aux plus agées on donne du 4 pouces , du 4 $\frac{1}{2}$, du 3 $\frac{1}{2}$, & même du 3 pouces : il faut leur demander avec soin l'effet que font sur les yeux ces différens foyers, pour décider avec plus de sureté des Verres qui leur sont propres.

Les personnes les plus diffici-les à servir, sont celles qui ayant eu la Vue longue, l'ont courte après l'opération, selon l'aveu de quelques-unes qui m'ont as-furé de ce changement à leur égard ; il faut pour lors à ces personnes-là, deux sortes de Verres, l'un convexe pour cel-les qui se servoient de Lunettes avant l'opération, & pour cel-les qui ne s'en servoient point auparavant, il faut un Verre concave: on met seulement pour la forme, un Verre plan des deux côtés qui n'a aucun foyer, comme j'ai fait moi-même à l'égard de plusieurs personnes.

Quelques Oculistes conseillent à beaucoup de gens, de prendre pour se conserver la Vue, des Verres de couleurs. Voici sans doute leur raison : c'est que ceux qui ont la Vue extrêmement foible, ne peuvent souffrir la vivacité des réflexions de la lumiére ; or en ne les recevant qu'à travers d'un corps moins diaphane, elles sont alors plus proportionnées à la foiblesse de leurs yeux. Ne m'étant proposé pour but que d'être utile au Public & aux Artistes, je me crois obligé de dire en faveur de l'un & de l'autre, que l'expérience nous apprend qu'il n'y a que trois sortes de Verres de couleurs qui soient avantageux à la Vue ; sçavoir les Verres verds qui ne sont point chargés ou hauts en couleur, les Verres Verd Céladon , & les Verres bleus clairs. Plus ces sortes de Verres sont parfaits pour la matiere , & légers en couleurs , plus ils sont utiles , en y joignant la perfection du travail , car sans cela on n'en tire aucun avantage. S'il y eût jamais mauvais Verres pour les yeux , ce sont ces Verres de couleurs que l'on débite sans discernement dans le public , tels que sont les Verres verds de prés , verds de mer ,

gros bleu, jaunes, Verres vio-
lets ou couleur de vin, & couleur de rose : toutes ces sortes
de couleurs sont sujettes à une
infinité d'inconvéniens, quelques-unes même sont incapables d'être travaillées avec une
certaine exactitude, par les défauts qui se trouvent dans le
corps de ces sortes de matieres.

Voici la derniere espece de
Vue, que l'on peut bien nom-
mer une quatriéme sorte de Vue
courte, l'étant pour la plûpart ;
c'est celle des personnes qui sont
louches, & qui tournent l'axe
d'un œil sur un objet pour le regarder, pendant que l'axe de
l'autre œil est tourné d'un autre

côté : ils veulent regarder à la maniere ordinaire des autres hommes, & ne peuvent voir diftinctement les objets, parce qu'il faut néceffairement que l'objet foit dirigé vers la partie la plus éminente de la cornée, afin que les rayons qui partent de cet objet, fe puiffent porter vers le centre de la rétine ; voilà la raifon pour laquelle ils font obligés de fuppléer à ce défaur, en paroiffant lire de travers, pour lire droit à la difpofition de leurs yeux. De-là il s'enfuit que les louches doivent voir les objets plus gros que les autres hommes, parce que l'angle par lequel ils voyent, & par lequel

on

on juge de la grosseur des objets, est plus ouvert à cause de la grande convexité de la cornée transparente ; d'où vient aussi que la plûpart en écrivant font leurs caracteres petits. Ils voyent de loin avec des Lunettes dont les Verres sont concaves, parce qu'ils rendent les rayons divergens, & ne peuvent au contraire voir avec celles dont les Verres sont convexes, parce que leur cornée n'est déja que trop convexe. Il faut suivre à leur égard la même méthode que nous venons de donner pour les Vues courtes & foibles, dans le choix des Lunettes qui peuvent leur être de quelque utilité.

E

A l'égard de la loucherie, dont les enfans font attaqués, ce n'eſt qu'une habitude qu'ils contractent, fans qu'il y ait aucun défaut dans leurs yeux ni dans leurs muſcles ; auſſi les enfans deviennent - ils aiſément louches, en voulant imiter ceux qui le font, ou lorſqu'on leur préſente pluſieurs objets à la fois, parce que cela les oblige à regarder un objet avec un œil, & un autre objet avec l'autre œil, ce qui leur fait contracter la mauvaiſe habitude de tourner leurs yeux en même tems de deux côtés différens ; habitude dont ils ne peuvent ſe défaire que très - difficilement.

On a vu aussi des enfans s'accoutumer à loucher pour être placés obliquement vers une chandelle ou une fenêtre, ou quelqu'autre objet éclairé, & capable d'attirer leurs Vues ; car quoique pour voir cet objet, il leur soit possible de tourner les deux yeux à la fois, ils se contentent de regarder avec l'œil le plus proche de l'objet, ce qui leur donne par dégrés la mauvaise habitude de tourner les yeux de différens côtés l'un sans l'autre. Il est aisé de remédier à cet accident, lorsqu'on s'en apperçoit, soit en prenant les précautions que nous venons de donner, soit en appliquant sur

les yeux des enfans, (à qui les
précautions n'ont pû empêcher
cet accident,) un demi-masque à
louchette , dans lequel se trouvent deux especes de moules de
bouton creux , percés exactement au milieu , & vis-à-vis la
place naturelle que doit occu-
per la prunelle : cette ouverture redresse petit à petit cette in-
clination vicieuse, en obligeant
l'œil à se tourner droit aux réflexions qui viennent de cette
ouverture pour recevoir l'image de l'objet sur la rétine, &
réforme en quelque sorte la dif-
formité naissante de sa conformation , qui ne la rendoit sensible aux impressions des objets ,

que d'une maniere oblique &
tortueuse. A mesure que l'on apperçoit de la diminution dans
les yeux offensés, il faut ag-
grandir cette ouverture, jusqu'à
ce qu'enfin cette précaution de-
vienne inutile, leur Vue étant
tout à fait redressée & fortifiée.

D'autres pensent que la Vue
des enfans peut se redresser par
le moyen d'un miroir ordinaire;
qu'il est à propos pour cet effet
de le leur présenter tous les ma-
tins lorsqu'ils s'éveillent, & les
amuser au moins une heure à
s'y regarder. Pour moi, je dis
qu'un miroir de métal, le plus
pur & le plus fin que l'on puisse
avoir pour la fonte, & le plus

E iij

régulier du côté du plan & du poli, est préférable à la glace la plus parfaite, qui souffre par son épaisseur deux sortes de réflexions de rayons de lumiere, au lieu que celui de métal n'en souffre qu'une, n'ayant qu'une surface polie qui nous rend les objets dans le vrai, & nous les fait paroître plus naturels que la glace la mieux travaillée. Plus les rayons sont directs & naturels, plus la Vue se réforme aisément. Il faut, à la vérité, avoir soin de repolir tous les jours le miroir de métal, parce que l'haleine des enfans, ou leur attouchement, le ternit, & lui fait perdre aisément l'éclat de son poli. On a réussi à l'égard de plusieurs avec ce miroir de métal.

Les surfaces intérieures & extérieures d'une glace n'étant pas parfaitement planes des deux côtés, il arrive de-là que les objets nous paroissent différens de ce qu'ils sont en eux-mêmes, soit en nous les grossissant, soit en nous donnant la couleur qui est propre à la matiére ; c'est sans doute ce qui a donné occasion d'appeller ces sortes de glaces, miroirs flateurs, terme qui peut être cependant pris en bonne ou mauvaise part, puisque s'il y en a qui donnent des couleurs, il y en a aussi qui nous les ôtent, en nous prêtant les leurs; je veux dire des couleurs jaunes, bleuës & vertes. Il peut arriver aussi que quelques vices dans les muscles qui donnent le mouvement au globe, y occasionnent une mauvaise conformation, ou quelques maladies, comme une paralysie qui peut détruire l'équilibre des muscles, alors nos secrets ne pourront tenir contre, & n'y apporteront aucune réforme.

Quelques-uns prétendent que les louches voyent les objets doubles; mais comme je n'ai entrepris de faire dans cette Instruction que le personnage d'un Miroitier & d'un Lunettier, je laisse aux Philosophes & aux Oculistes à faire le leur. Je dirai seulement en passant qu'il n'est pas nécessaire d'être louche pour voir deux Cochers sur le siége d'un carosse, qu'il suffit d'être ivre, parce que la duplicité des actions vient alors de l'action irréguliere des muscles du globe de l'œil, occasionnée par le changement que la liqueur spiritueuse a produit dans le sang de celui qui a bû avec excès ; que ce mouvement irrégulier ou tremblement de ses muscles empêche de fixer les axes optiques vers le point de l'objet qu'il regarde , & que s'il vient à fermer un œil, il ne verra plus qu'un objet.   E v

De tout ce que je viens de dire, il faut conclure que, toutes les Vues n'étant pas égales, comme il paroît par la diversité des Vues longues & courtes, il est d'une grande conséquence de s'adresser à un homme qui connoisse un peu ce que c'est que la Vue, & encore plus les différens Verres, dont toutes ces sortes de Vues peuvent tirer quelque secours.

Les Vues qui peuvent supporter une plus grande divergence des rayons de l'objet, telles que sont celles qui sont courtes, & dont on vient de parler, ont l'humeur cristalline plus convexe ; ces sortes de Vues font neceffairement contraintes d'approcher davantage de leurs yeux les objets, & au concours de leurs rayons, afin de les voir diftinctement. Les Vues longues au contraire ne peuvent fupporter une fi grande divergence ou écart de rayons, leur humeur criftalline étant de moindre convexité, & font obligées d'éloigner l'objet de leurs yeux, à proportion de leur capacité, pour le voir diftinctement. Ces deux fortes de Vues ont befoin par conféquent de Verres différens les uns des autres : il faut donc aux Vues courtes, des Verres qui rendent les rayons divergens, tels que font les Verres

E vj.

concaves ; aux Vues longues,
il faut des Verres qui rendent
les rayons convergens, & qui
partant de divers points de l'objets, s'inclinent vers un même
point tendant à l'œil, tels que
font les Verres convexes. La
Vue étant un des cinq fens qui
mérite le plus d'être confervé,
& ne pouvant l'être que par ce
fecours, il eft abfolument néceffaire que tous ces Verres foient
travaillés avec une grande exactitude.

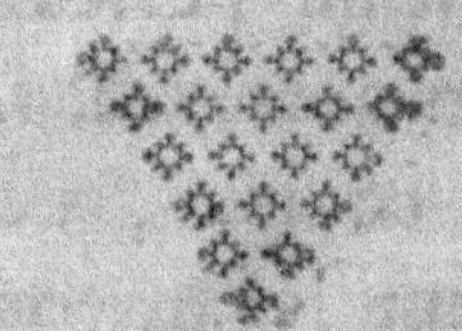

TROISIEME SECTION.

MÉTHODE POUR SE conduire soi - même dans la conservation de la Vue.

VOICI une Méthode pour se conduire soi-même, ou plutôt se conserver la Vue, & cela par des proportions méchaniques de la Dioptrique.

Nous avons indiqué ci-devant les marques auxquelles on peut connoître la nécessité de se servir de Lunettes, ainsi que le moyen de choisir de bonnes Lunettes pour les premieres, sans en marquer le foyer précis, toutes les

Vues n'étant pas les mêmes, puiſ-
qu'il y en a de differentes ſortes, comme nous l'avons expli-
qué ci-devant ; cependant pour
faire uſage de cette méthode,
il eſt bon de déterminer ici un
foyer, qui ſervira de régle pour
les premieres Lunettes ; ſuppo-
ſons donc quelqu'un qui n'ait
pris pour premieres Lunettes,
que des Conſerves de ſix pieds
de foyer pour le jour, & cinq
pieds pour le ſoir ; mais avant
d'aller plus loin, & de parler
des ſecondes, je me trouve obligé d'avertir que ceux qui ont
quelque intérêt de ſe conſerver
la Vue, doivent faire attention
à cette méthode, & ne ſe point

fervir de Verres communs : pour
ceux qui s'en fervent, ils font
entiérement difpenfés de faire
ufage de cette méthode, & en
ce cas les premieres & les fecon-
des Lunettes font également
bonnes pour eux : pour faire ab-
ftraction d'ironie, & dire les
chofes de bonne foi, je crois
qu'il y auroit moins d'inconvé-
nient à faire comme nos Peres
faifoient autrefois, avant l'in-
vention & la perfection des Lunettes, c'eft-à-dire, faire ufage de
fes yeux jufqu'à ce qu'ils ne puiffent plus nous rendre aucun fer-
vice, plutôt que de prendre des
Verres qui hâtent l'affoiblissement & le détriment de nos

yeux, tels que les verres communs, qui la plûpart du tems
sont faits sans régle ni proportion, & de mauvaise matiere.

Pour revenir à ma Méthode,
& faire tréve de digreffions, je
dis qu'il faut demeurer le plus
long tems que l'on peut, aux
deux dégrés dont je viens de
parler ci-deffus: cependant si au
bout de quelques années on s'apperçoit d'un certain changement
ou affoibliffement dans la Vue,
alors il faudra prendre pour se-
condes Lunettes, du 4 pieds
pour le jour, & du 3 pieds pour
le soir : si par la suite il survient
quelque maladie qui altére la
Vue, ou la fasse baisser, il fau-

ra prendre une Conferve de 3 0 pouces pour le jour, & une de 4 pouces pour le foir, & fi on e tire pas un fecours fuffifant e ces deux fortes de foyers, que la Vue fe trouve plus affoiblie que je ne dis, & que même elle fatigue avec ces fortes de Lunettes, parce qu'elles ne réuniffent pas affez de rayons des points de l'objet pour le rendre fenfible, il n'y a aucune difficulté de prendre du 20 pouces pour le jour, & du 18 pour le foir.

Ceux qui auront befoin de changer de foyer, feront attention qu'il ne faut pas précipiter les différens dégrés de vue, par lesquels on doit passer petit à petit , parce qu'autrement ils courreroient risque, ayant pris de fortes Lunettes de bonne heure , de n'en plus trouver d'assez fortes dans un âge avancé, & dans lequel souvent la seule consolation qui nous reste, est de pouvoir encore lire & écrire par le moyen de ce secours. Il ne faut pas non plus prévenir la foiblesse, il faut au contraire la soutenir, ou plutôt l'empêcher d'augmenter.

Pour se conserver la Vue, il faut nécessairement se servir de bons Verres travaillés des deux côtés, & toujours de deux sortes de points de vue , comme

nous l'avons dit dans la premiere Section, & pour lors on restera long-tems au même dégré
de vue. Voici les dégrés des
foyers les plus ordinaires pour
les Vues longues ; sçavoir, du
18 pouces pour le jour, du 16
pour le soir ; du 16 pour le jour,
du 14 pour le soir ; du 14 pour
le jour, du 12 pour le soir ; ce
dernier dégré est celui auquel
on reste plus de tems, & de
cent personnes qui se servent de
ce point de vue, il y en a au
moins quatre-vingt qui y restent
dix ans & vingt ans, quelquefois
même le reste de leur vie ; c'est
le point de vue le plus courant,
& dont il est peut-être dange-

reux de fortir fans un befoin
réel ; l'expérience nous en fournit affez d'exemples. Voici les
dégrés de foyers fuivans ; du
12 pouces pour le jour, du 10
pour le foir ; on refte encore
affez communément à ce dégré
pendant du tems, mais lorfqu'on
eft obligé d'en fortir, il faut aller doucement, & ne prendre
pour le jour que du 10 pouces,
du 9 pour le foir ; enfuite du 9
pour le jour, du 8 pour le foir ;
du 8 pour le jour, du 7 pour le
foir ; ce dernier point de vue eft
affez ordinairement celui auquel
on fe tient pour toujours, même
les perfonnes les plus avancées
en âge. Cependant comme il fe

trouve des perſonnes à qui il faut des foyers extrêmement forts, on peut encore leur donner les foyers ſuivans ; du 6 pouces pour le jour, du 5 $\frac{1}{2}$ pour le ſoir, & même du 5 pouces ; du 5 pou. ces pour le jour, du 4 $\frac{1}{2}$, même 4 pour le ſoir. Les Vues longues ordinaires & foibles ne paſſent jamais ce dernier dégré de foyer.

A l'égard des Vues courtes, on doit ſuivre le même ordre pour les foyers, excepté que les premiers ont des Verres convexes, & les ſeconds des Verres concaves. Les Vues courtes ont des foyers en plus grand nombre pour leur uſage ; ſçavoir, du 4 pouces on les fait paſſer au

3 pouces six lignes ; ensuite 3
pouces, 2 pouces six lignes, 2
pouces, & un pouce six lignes ;
voilà le dernier foyer des Vues
courtes, cependant on en trouve très-peu qui aillent à ce foyer.

Les personnes qui voudront
se conserver la Vue, peuvent
donc se conduire elles mêmes,
en suivant cette Méthode, dans
laquelle je viens de donner les
proportions des foyers des Verres, auxquels une certaine suite
d'années nous oblige d'avoir recours. Je crois que les Artistes,
& les personnes qui se servent
depuis un tems de Lunettes,
approuveront cette Méthode,
comme étant le plus sûr moyen
de se conduire sans aucun risque.

QUATRIEME SECTION.

POURQUOI LES personnes âgées ayant la Vue affoiblie, jusqu'à en être privées presque entièrement, la recouvrent néanmoins dans un âge plus avancé.

RIEN n'est plus surprenant, & ne semble plus tenir du prodige dans la nature, que d'une même cause résultent deux effets contraires : Que la vieillesse qui avoit altéré l'organe presque jusqu'à la privation de la Vue, qui dans la suite devoit moralement en causer

la perte entiere , la rende néanmoins presque dans sa même vi-
gueur. J'ai vu plusieurs personnes
très agées, après s'être long tems
servi de Lunettes, pour suppléer
à la foiblesse de leur Vue , avoir
été contraint de leur en donner
peu à peu de plus jeunes, c'est-
à-dire , d'un foyer plus long ,
& enfin les avoir amenées de
dégrés en dégrés à l'usage de
celles que l'on appelle Conserves ; telles que sont des Lunettes de six pieds de foyer , au
lieu de celles qu'elles avoient de
six pouces , & enfin les quitter
tout à fait , leur Vue s'étant
rétablie , comme par un renou-
vellement des forces de la nature

ture ſemblables à celles qu'elles avoient à l'âge de vingt ans. Les perſonnes qui ont la Vue cour-te ; & ceux qui ſont louches, ont aſſez communément cet avantage avec les longues. Plus elles vieilliſſent, plus elles peu-vent voir de loin, en ne ſe ſer-vant plus de Lunettes, après même en avoir fait uſage plu-ſieurs années, parce que l'âge deſſéchant la tunique cornée de leurs yeux, l'affaiſſe, & l'em-pêche d'être ſi éminente qu'elle étoit, & leur procure par-là une certaine perfection dans un tems, où les autres hommes au con-traire qui ont eu la Vue lon-gue, s'apperçoivent tous les

F

jours de son racourcissement, &
de son affoiblissement.

Pour expliquer d'une maniere plus détaillée la cause d'un
effet si surprenant, il faut sçavoir que la chaleur du tempé-
rament de l'âge viril, dessêche
ordinairement l'humidité naturelle des humeurs & membranes de l'œil, par conséquent
diminue la convexité de l'humeur cristalline, resserrant aussi
l'humeur vitrée qui doit tenir
la rétine tendue, suivant la figure naturelle à la distance re-
quise de l'humeur cristalline,
pour recevoir les réflexions des
points de l'objet, & elle altére
par ce moyen toute la confor-

mation naturelle de l'œil. Cette chaleur si funeste à l'humide des yeux, se fait sentir sur-tout dans les tempéramens bilieux sanguins ; mais elle n'y porte pas toujours des coups irréparables, car lorsqu'ils avancent dans l'âge qui affoiblit toujours la chaleur naturelle, le froid humide de cet âge tempérant leur chaleur extrême, humecte quelquefois doucement les membranes des yeux desséchés, & les rend capables de s'étendre, & se dilater de nouveau presqu'à la même capacité, qu'elles avoient dans le jeune âge ; par conséquent la rétine se tendant de nouveau, s'éloigne dans l'œil

F ij

à la distance proportionnée, &
la nature se renouvellant, pour
ainsi dire, de la sorte, restitue
toute la conformité des yeux,
par conséquent la Vue, sinon
au même dégré de force & de
chaleur, du moins certainement
à proportion de l'âge avec un
avantage digne d'admiration.

ERRATA.

*P*AGE 10. *derniere ligne*, sont refractés,
lisez souffrent réfraction.
Page 11. *l.* 18. enlever la cataracte, *lisez*
abaisser la cataracte.
Page 16. *l.* 17. autres Professions, *lisez* autres
Artistes.
Page 16. *l.* 10. m'élever en faux, *lisez* m'ins-
crire en faux.
Page 45. *l.* 17. nos yeux sont, *lisez* nos
yeux, prises ensemble sont.

Détail des Marchandises qui se vendent chez l'Auteur, au Miroir Ardent, entre la Fontaine saint Benoît & le College du Plessis, rue saint Jacques, à Paris.

LE s personnes qui voudront bien m'honorer de leur confiance, trouveront chez moi toutes sortes d'ouvrages dépendans de l'Optique. Toutes sortes de Lunettes travaillées des deux côtés. Pour les Vues longues & courtes. Pour les Vues qui ont souffert l'opération de la Cataracte. Demi-Masques à deux Verres, pour aller en campagne & se garantir les yeux du froid, du vent, & de la poussiere en courant la poste. Monocles pour les Vues basses & courtes. Toutes sortes de Verres à grossir & diminuer les objets, en les rendant plus clairs & plus distincts. Louppes pour déchifrer les vieilles écritures, & qui peuvent aussi servir de Mycroscopes à la main, très-utiles aux Peintres, Graveurs, Horlogers, Ciseleurs & autres Artistes, pour pousser leurs ouvrages au plus haut point de perfection. Verres à facettes pour multiplier un objet sous de plus petits angles, propres aux Graveurs en taille douce. Verres triangulaires, autrement appellés Prismes, propres aux Peintres, pour apprendre les couleurs. Verres à diminuer les objets pour les Peintres en mignature, & pour pointer. Cylindre de métal poli, avec les Cartes d'Optique du meilleur Deſſinateur. Perſpective illuſoire garnie de pluſieurs tableaux. Boëtte d'Optique, autrement dite Chambre noire, pour deſſiner ſans maître. Lanternes Magiques, avec toutes ſortes d'objets groteſques peints ſur Verre. Toutes ſortes de Lunettes d'approche à deux & à quatre Verres. Lunettes montées en or, en argent & en cuivre doré en or moulu, avec leurs Etuis pour porter dans la poche. Toutes ſortes de grands & petits Mycroſcopes pour les ſolides & les flui-

des. Cristaux de Paris & d'Angleterre pour mettre sur les mon-
tres. Glaces pour mettre sur les
Mignatures. Pastels ou Encre de
la Chine, qui sont dans les Ta-
batieres. Toutes sortes de Lunettes avec leurs Etuis de chagrin, façon de chagrin, de Rous-
sette & de Requin. Lunettes
d'Angleterre du meilleur Artiste. Lunettes montées en cuir
apprêté, en Ecaille à ressort d'or,
d'argent & d'acier à la maniere
d'Angleterre, très-propres &
très-commodes sur le nez. Des
Portes-Lunettes d'acier. Lunettes à branches d'argent & d'a-
cier, qui tiennent sur les tempes,
& n'empêchent pas la respira-

tion. Toutes sortes de Miroirs de Toilette & de poche. Toutes sortes de Glaces pour Caroffe , Trumeaux de Cheminée ; & autres Miroirs plans de Métal pour guérir les enfans de loucherie , Béficles pour les empêcher de tourner la Vue, & de devenir louches. Miroirs ardents de métal & de Glaces propres à allumer du feu au foleil. Verres ardents pour produire les mêmes effets au foleil. Miroirs à groffir pour voir fi on eft rafé exactement , & pour nétoyer les Dents. Conferves travaillées des deux côtés en Verre blancs , bleus , verds , & jaunes. Cônes & Cylindres à pans de métal poli. Criftaux de

Roche pour les Braſſelets, ou Portraits. Cannes montées en Lunettes d'approche des plus à la mode. Chandeliers garnis de Verre verd pour lire le ſoir ſans s'incommoder la Vue par la trop grande vivacité des réflexions blanches. Miroirs Multiplicateurs, qui d'une ſeule perſonne en fournit une compagnie. Perſpectives amuſantes, qui rappellent les objets de bas en haut, & rendent paralléles des objets en éloignement, qui ſont perpendiculaires les uns ſur les autres en profondeur. Et toutes ſortes de curioſités dépendantes de l'Art de la Catoptrique & de la Dioptrique.

APPROBATION.

J'AI lû par ordre de Monseigneur le Chancelier, un Manuscrit intitulé, *Instruction sur l'usage des Lunettes ou Conserves*, par M. *Thomin*; & je n'y ai rien trouvé qui en puisse empêcher l'Impression. A Paris ce 11 Août 1746.

CLAIRAULT.

PERMISSION DU ROY.

LOUIS, par la grace de Dieu, Roy de France & de Navarre, A nos amés & féaux Conseillers, les Gens tenans nos Cours de Parlement, Maîtres des Requêtes ordinaires de notre Hôtel, Grand-Conseil, Prévôt de Paris, Baillifs, Sénéchaux, leurs Lieutenans - Civils & autres nos Justiciers qu'il appartiendra : SALUT. Notre amé CLAUDE LAMESLE, Libraire à Paris, Nous a fait exposer qu'il desireroit imprimer & donner au Public un Ouvrage qui a pour titre *Instruction sur l'usage des Lunettes ou Conserves*, par le Sieur Thomin, Miroitier Lunetier : S'il Nous plaisoit lui accorder nos Lettres de Permissions pour ce nécessaires. A CES CAUSES, voulant favorablement traiter l'Exposant, Nous lui avons permis & permettons par ces Présentes d'imprimer ledit Ouvrage en un ou plusieurs volumes, & autant de fois que bon lui semblera, & de le vendre, faire vendre & débiter par tout notre Royaume pendant le tems *de trois années consecutives*, à compter du jour de la datte des Présentes. Faisons défenses à tous Libraires, Imprimeurs, autres personnes de quelque qualité & condition qu'elles soient, d'en introduire d'Impression étrangere dans aucun lieu de notre obéïssance, A la charge que ces Présentes seront enregistrées tout au long sur le

Regiſtre de la Communauté des Libraires & Imprimeurs de Paris dans trois mois de la datte d'icelles ;
que l'impreſſion dudit Ouvrage ſera faite dans notre Royaume & non ailleurs, en bon papier & beaux
caracteres conformement à la feuille attachée Pour
model ſous le contre-ſcel des Préſentes, que l'Im-
pétrant ſe conformera en tout aux Réglemens de la
Librairie, & notamment à celui du 10 Avril 1725 ;
qu'avant de l'expoſer en vente le manuſcrit qui
aura ſervi de copie à l'impreſſion dudit Ouvrage ſera
remis dans le même état où l'Approbation y aura
été donnée ès mains de notre très-cher & féal Chevalier le Sieur DAGUESSEAU, Chancelier de France, Commandeur de nos Ordres, & qu'il en ſera
enſuite remis deux Exemplaires dans notre Biblio-
thèque publique, un dans celle de notre Château
du Louvre & un dans celle de notre très-cher &
féal Chevalier le Sieur DAGUESSEAU, Chancelier de
France, le tout à peine de nullité des Préſentes :
Du contenu deſquelles Vous mandons & enjoignons
de faire jouir ledit Expoſant & ſes ayans cauſes
pleinement & paiſiblement, ſans ſouffrir qu'il leur
ſoit fait aucun trouble ou empêchement : VOULONS
qu'à la Copie des Préſentes qui ſera imprimée tout
au long au commencement ou à la fin dudit Ouvrage, foi ſoit ajoutée comme à l'Original : Com-
mandons au premier notre Huiſſier ou Sergent ſur
ce requis de faire pour l'exécution d'icelles tous
Actes requis & néceſſaires ſans demander autre per-
miſſion, & nonobſtant clameur de haro, charte
Normande & Lettres à ce contraires. Car tel eſt
notre plaiſir. Donné à Verſailles le vingt-troiſiéme
jour du mois de Décembre, l'an de Grace mil ſept
cent quarante-ſix, & de notre regne le trente-
deuxiéme.

S A I N S O N.

*Regiſtré ſur le Regiſtre XI. de la Chambre Royale
des Libraires & Imprimeurs de Paris, numero 720. folio
636. conformément aux anciens Reglemens confirmés par
celui du 28 Février 1723. A Paris ce 29 Décembre
1746.*

G. CAVELIER, *Syndic.*